AF456583

PHOTOGRAPHIE

PROCÉDÉ INALTÉRABLE

COLLODION TRANSPORTÉ SUR PAPIER BLANC.

GRANDISSEMENTS

Par A. CLERVILLE,

Ancien élève de l'École polytechnique, officier de la Légion-d'Honneur.

CHATEAUROUX,

TYPOGRAPHIE ET LITHOGRAPHIE Ve MIGNÉ.

1863.

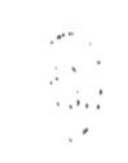

PHOTOGRAPHIE.

Quoique l'on ait beaucoup écrit sur la photographie, il y a, encore et pour longtemps, bien des choses à dire sur cet art qui est loin d'être arrivé à son apogée.

On s'aperçoit trop aujourd'hui que les épreuves sur papier sont d'une bien courte durée. Les vrais amateurs qui possèdent des cartons remplis de vues et de portraits vraiment remarquables, voient, avec douleur, que, dans quelques années, ils n'auront plus que des dessins jaunis et d'un aspect désagréable, peut-être même du papier sale ne représentant plus trace de figures.

En second lieu, le défaut de presque tous les artistes est de demander, à leurs instruments, des dimensions qu'ils sont loin de pouvoir donner. De là, des déformations inadmissibles et *du flou.r* dans toutes les parties éloignées du centre de lumière, projetées par l'objectif.

Remédier à ces deux causes de désaffection de la part du public, pour un art appelé à rendre encore de si grands services, est le but de cet ouvrage.

Il présentera deux divisions principales, qui répondront aux deux questions que nous avons en vue de traiter :

1° L'inaltérabilité ;

2° La non déformation des figures.

La première partie aura pour titre : *Procédé inaltérable ;* la seconde : *Grandissements.*

PROCÉDÉ INALTÉRABLE.

Depuis quelques années, les savants et artistes ont compris qu'il fallait atteindre ce but. Ils ont fait des recherches incessantes et ont obtenu quelques résultats : le plus capital est le procédé au charbon.

Cependant, il en est un, en usage depuis longtemps déjà, mais qui a été abandonné par presque tous les photographes qui l'ont essayé, attendu qu'il lui manquait les perfectionnements dont il était susceptible ; nous voulons parler du collodion transporté sur papier blanc. — Après une pratique de plusieurs années, des améliorations nombreuses que nous lui avons apportées, et, en dernier lieu, l'emploi, comme virage, de l'eau de Patako (1), nous croyons l'avoir rendu d'une pratique

(1) Le dépôt central de l'eau de *Patako* est rue de Seine, 39, à Paris.

facile. — Il présente, comme résultats, l'inaltérabilité que personne ne lui contestera, des épreuves d'une finesse extrême, offrant des blancs parfaits et des noirs d'encre d'imprimerie. De ce procédé, aux grandissements, il n'y a qu'un pas : occupons-nous donc d'abord de lui.

Cliché.

Le cliché devra présenter tous les détails du modèle. L'on forcera, en conséquence, la pose; quitte à avoir un cliché gris, mais non heurté, comme pour le papier : la reproduction, dont il sera parlé plus loin, ayant tendance à exagérer les oppositions. — S'il est trop voilé, on emploiera l'eau de Patako, qui le renforcera, il est vrai, mais enlèvera le voile. On aura alors la ressource de le faire descendre, en répandant dessus du cyanure de potassium à deux pour cent, ou de l'hyposulfite de soude, s'il n'est pas monté d'une manière trop exagérée. Dans cet état, le cliché présentera une transparence parfaite et sera traversé par la lumière d'une façon qui effraierait les photographes habitués à faire des épreuves sur papier; ils ne sauraient en tirer aucun parti dans le procédé ordinaire.

Collodion.

Tous les collodions sont bons pour produire le cliché. Nous recommandons, cependant, le collodion à l'iodure de cadmium, comme présentant le plus de finesse et comme étant le moins susceptible de décomposition. On le jaunira avec une paillette d'iode, et on le laissera vieillir, pendant une quinzaine de jours au moins, afin de lui donner plus de consistance, et d'éviter les points blancs qui ne se représentent que trop souvent dans les fonds.

Sa formule sera :

Éther sulfurique, rectifié, à 62.	65g
Alcool, à 40.	35
Coton azoté.	1
Iodure de cadmium.	1
Iode (une paillette).	

On n'y mettra point de bromure, il est inutile, ou du moins il rallentit l'effet du collodion, qui ne saurait être trop sensible.

Objectifs.

Au-delà du quatre pouces, pour portraits, et de la demi-plaque simple, pour paysage, nous bannissons les instruments d'un plus grand diamètre, comme nécessitant des poses trop longues et donnant des clichés trop grands.

Une glace demi-plaque, ou plaque normale au pis-aller, suffit pour présenter un dessin complet et sans déformations. La reproduction, comme on le verra plus loin, en est plus facile.

En ce qui concerne les portraits, l'objectif par excellence, est *un bon trois pouces*. Il donnera, sur une glace demi-plaque, un personnage, posé debout, avec assez de ciel et de sol : le personnage occupant la moitié de la glace ou très-peu plus.

Il est facile alors de se rendre compte de la netteté qui sera obtenue dans toutes les parties du modèle, ainsi que de sa non déformation. — L'instrument devra donc s'en trouver éloigné de six mètres au moins. — Ce que nous disons du *trois pouces*, doit être appliqué à tous les objectifs de dimensions diverses; plus près du modèle, la déformation aura lieu.

Le *quatre pouces* ne sera employé que pour avoir un buste : la tête étant placée très-peu au-dessus du centre de la glace. — Le cliché obtenu par lui permettra, plus facilement, la reproduction de grandeur naturelle.

Les instruments dont nous nous servons sont parfaits; et nous devons ici ne point omettre le nom de la maison qui les a fabriqués. C'est encore un service à rendre aux amateurs qui nous feront l'honneur de nous lire, que de leur indiquer la maison *Derogy*, quai de l'Horloge, N° 33, *à Paris*, parce qu'ils pourront s'y procurer, ce qui est si rare, des instruments excellents, sans foyer chimique, à des prix très-modérés.

Indépendamment de leur grande qualité, comme instruments d'optique, ils en ont une autre infiniment commode, c'est leur système dit *à baïonnette*. D'un tour de main, on peut les démonter et y placer le diaphragme jugé nécessaire. Le même objectif pour portraits devient, par une opération de même nature, un objectif simple, pour paysage ou reproductions. La manœuvre est des plus simples et rend les montures presque inusables.

Ce chapitre aurait pu nous entraîner à une description détaillée des instruments d'optique. — Notre but n'est par de faire ici un cours de physique : assez de bons ouvrages, faciles à consulter, ont parfaitement décrit ces instruments. — Du reste, nous pensons ne nous adresser qu'à des photographes déjà expérimentés, et des longueurs, dans cette brochure, ne pourraient qu'attirer leur attention loin du but que nous nous proposons.

En résumé, obtenir un cliché facilement accessible à la lumière, par transparence, et ne présentant aucune déformation, est ce qui doit fixer l'attention du lecteur.

Épreuve positive, par le collodion, transportée sur papier blanc.

Avec le cliché que nous venons d'indiquer, il s'agit de faire une épreuve positive, c'est le point capital de ce chapitre.

Au lieu de placer le cliché dans un châssis positif et de mettre dessus du papier sensibilisé et d'exposer le tout à la lumière, nous nous bornerons à faire poser le cliché et à le copier à la chambre noire, comme si nous voulions faire également un cliché; mais, au lieu d'un négatif, nous aurons alors un positif.

Nous employons, pour ce travail et *pour toutes les dimensions* de l'épreuve, un objectif simple, quart de plaque à long foyer (18 centimètres).

Sur une planche inclinée, de manière à ce que le cliché soit en pleine lumière, c'est-à-dire reçoive, sur toute la surface, la lumière du ciel (pas celle directe du soleil), nous plaçons ledit cliché à une des extrémités et l'exposons à une fenêtre. — Le carreau de vitre ne nuira pas à l'épreuve, si le cliché en est éloigné de quelques centimètres.

Sur la même planche et en arrière, nous plaçons la chambre noire qui doit recevoir le châssis portant la glace collodionnée et destinée à produire l'image positive. Nous la mettons de manière à prendre l'image de la dimension voulue et nous comptons depuis dix secondes jusqu'à plusieurs minutes, suivant l'intensité du cliché, celle de la lumière et enfin la grandeur de l'image.

Après le temps de pose, nous rentrons dans le cabinet noir et nous apprêtons à développer. Nous prenons, dans un verre à expérience, de l'acide pyrogallique dont la formule suit :

Acide pyrogallique.	1g	50
Eau filtrée.	300	»
Acide acétique cristalisable.	30	»

Nous le répandons sur toute la surface de la glace, en ayant soin de ne pas en laisser tomber trop en dehors. Nous remuons la glace constamment, jusqu'à ce que l'image apparaisse. Nous laissons ensuite l'acide pyrogallique couler de la glace et le recevons dans les résidus. Nous maintenons la glace à peu près verticale et attendons que l'image arrive, ce que nous appelons *en-dessus*. Nous lavons ensuite et fixons au cyanure de potassium à deux pour cent (non avec de l'hyposulfite de soude, il jaunit les épreuves). Nouveau lavage.

Nous portons alors notre glace à la grande lumière et nous jugeons s'il convient de pousser plus loin les opérations.

Si l'épreuve est parfaite, ce qu'une longue expérience seule permettra d'apprécier, nous passerons au virage.

Virage.

Les photographes qui, les premiers, ont essayé ce procédé, ont employé le bi-chlorure de mercure et n'ont obtenu que des épreuves d'un ton désagréable.

Perfectionné plus tard, on en est venu au chlorure d'or. Nous exposerons ce moyen, malgré ses difficultés et ses inconvénients, parce qu'il produit des résultats remarquables, avec, passez-nous le mot, *les ficelles*, que nous ne craignons pas de divulguer, puis qu'honneur, s'il y a, nous en revient en partie, et, il faut en convenir, leur découverte n'a pas été chose facile.

La dissolution de chlorure d'or sera de un gramme pour cinq cents d'eau filtrée.

Nous en mettrons une certaine quantité, suivant la dimension de la glace, dans un verre à expérience, et la répandrons sur toute la surface et la recevrons dans ledit verre. Nous recommencerons l'expérience avec la même partie de chlorure d'or, tout en ajoutant de la dissolution neuve, si cela est nécessaire, jusqu'à ce que la teinte *chocolat*, que présente le collodion, ait disparu; ce que l'on jugera, en regardant l'envers de la glace. L'épreuve sera alors virée et on la lavera parfaitement, en terminant, par de l'eau filtrée. On la laissera égoutter un instant.

Enlevage du collodion.

Les photographes, en petit nombre, il est vrai, qui pratiquent aujourd'hui ce procédé, emploient, les uns le papier porcelaine sur lequel ils répandent une dissolution de gomme arabique à dix pour cent, les autres le papier *bonbon*, recouvert d'une couche épaisse de gélatine très-brillante.

On coupe une feuille de ce papier, un peu moins grande que la glace, contenant l'épreuve. On place la glace égouttée, mais encore très-humide, sur une table, et l'on applique sur le collodion, ladite feuille de papier, en ayant soin d'éviter toute bulle d'air et de laisser un centimètre de collodion à nu, tout au tour de la glace. La feuille de papier se colle au collodion en peu de temps. On a alors la précaution de rabattre sur elle le collodion laissé à nu, afin de le détacher des bords de la glace, et de faciliter l'enlevage. — Cette opération qui, au premier abord, paraît difficile, n'exige qu'*un tour de main*. — On attaque un coin du papier; on le détache de la glace, en s'assurant que le collodion suit, et on continue ainsi lentement jusqu'à parfaite réussite.

On place alors l'épreuve sur du papier propre, pour la laisser sécher, et on crève avec une épingle les bulles que l'on n'aurait pu éviter.

Dans l'état humide, elle doit être superbe, transparente et présentant, avec la plus grande finesse, tout le modelé désirable.

Mais, la plupart du temps, quand on vient la regarder à l'état sec, quelle déception! Un voile épais la couvre, on la croit perdue.

Moyen de faire revenir l'épreuve.

L'épreuve n'est cependant pas perdue. On peut lui rendre presque toute sa beauté et sa transparence, avec le moyen suivant :

Lorsque, pour la coller, elle se trouve placée sur du bristol; alors, toute humide de colle (colle de pâte), il suffit de répandre sur elle, avec un tampon en flanelle, un mélange de :

Huile de naphte.	4/5
Huile d'olive.	1/5

Le voile disparaît peu à peu et l'image *revient*. — Quand elle est complètement *revenue*, on l'essuie avec un linge très-fin. On attend, pour cette opération, que le collodion soit à peu près sec, et on a soin de ne pas l'érailler.

Ce mode de procéder a, pour inconvénient grave, de ramollir le collodion et de nécessiter un vernis qui le soutienne. De plus, le corps gras ne disparaît pas entièrement, et le voile existe toujours en partie. C'est ce qui a fait rechercher les papiers brillants, qui ont la propriété de conserver à l'épreuve une certaine finesse et de la transparence. — Il ne faut pas se dissimuler cependant, que les vrais connaisseurs sont loin d'admirer ces épreuves trop chatoillantes.

Il convenait donc de perfectionner encore ce beau procédé.

C'est à quoi nous nous sommes appliqué. Nous croyons avoir atteint le but, en obtenant des épreuves offrant des blancs parfaits et des ombres d'un ton d'encre d'imprimerie, sur du papier ne présentant aucune apparence de brillant.

Eau de Patako.

Le lecteur nous pardonnera de faire connaître ici toutes les propriétés de ce liquide, en réfléchissant combien il est difficile de renforcer un cliché, tout en lui conservant de la transparence, de manière à obtenir sur papier des épreuves offrant, après le virage, des blancs suffisants et des ombres d'un beau ton.

Combien de clichés se trouvent perdus ou voilés, après avoir été renforcés au nitrate d'argent, procédé le plus ordinaire.

L'eau de Patako, notre propriété, vient remplacer le nitrate d'argent, et enlever le voile qui se produit presque toujours, quand le temps de pose est suffisant pour que le cliché présente tous les détails du modèle.

Voici quel en est l'emploi :

Au sortir de la chambre noire, le cliché sera développé et *non renforcé*. On le fixera de n'importe quelle manière ; il sera alors bien lavé. Dans cet état, on le portera à la grande lumière, pour juger de son degré d'intensité : ce sera le moment de le renforcer.

On mettra dans un verre à expérience la quantité du liquide dont il s'agit, et on la répandra vivement sur toute la surface du cliché. On recevra ce liquide dans ledit verre, et l'expérience sera recommencée jusqu'à parfaite réussite, avec cette même partie de liquide. — Le cliché sera complètement lavé à la fin de cette opération.

Si, par hazard, on était allé trop loin, il serait facile de faire *descendre* le cliché, en y versant du cyanure de potassium à deux pour cent, et l'on recommencerait le renforçage.

L'eau de Patako est aussi d'un grand secours pour ce qui concerne les positifs directs ; elle donne de l'intensité aux noirs et rend les blancs plus éclatants.

Elle est excellente pour les positifs sur verre vus par transparence, en faisant virer l'épreuve avec de l'hyposulfite de soude. De là une transparence très-grande et des noirs magnifiques.

Elle remplace, avec avantage, et en produisant des tons plus chauds, le chlorure d'or dans le virage des épreuves sur collodion transporté sur papier blanc.

Ce dernier point, duquel nous nous sommes un peu éloigné, nous ramène à notre sujet. — Il sera l'objet du chapitre suivant.

Virage à l'eau de Patako.

Pour le virage au chlorure d'or, on a dû avoir soin de poser un peu plus que cela ne sera nécessaire au virage à l'eau de Patako, le chlorure d'or ne faisant pas monter l'épreuve.

Il est donc indispensable ici que le temps de pose soit un peu *en-dessous*, c'est-à-dire qu'après l'acide pyrogallique, tous les détails du modèle ne soient pas complètement apparents.

Après le fixage au cyanure de potassium à deux pour cent, on apportera la glace à la grande lumière. Elle sera examinée avec soin, et l'opération sera poussée plus loin, s'il y a lieu.

Dans ce cas, on la renforcera comme si c'était un cliché; mais, l'on n'aura plus à s'inquiéter du degré d'intensité. Au contraire, le renforçage sera poussé jusqu'à ce que le collodion prenne une apparence blanche uniforme, par réflexion. En versant, sans lavage préalable, de l'hyposulfite de soude faible (à cinq pour cent) sur l'épreuve, elle virera immédiatement et prendra un beau ton noir. L'opération sera terminée par un dernier lavage.

Il n'y aura plus qu'à enlever la couche de collodion, comme il a été dit ci-dessus.

Chose remarquable, l'épreuve gagnera en intensité et

en modelé, jusqu'à ce qu'elle soit entièrement sèche; mais alors, aucune trace de voile ne se présentera. Il n'y aura plus qu'à la coller sur du bristol et à la cylindrer.

GRANDISSEMENTS.

Que le lecteur ne s'effraie pas de ce mot. Sans s'en douter peut-être, il en a déjà fait beaucoup. En effet, le cliché dont il s'est servi, avait une certaine dimension. Pour le reproduire, s'en est-il beaucoup inquiété? — S'il avait une plaque normale ou un dessin plus grand à obtenir, qui l'en empêchait? — En approchant davantage l'objectif du cliché, n'avait-il pas à coup sûr l'image de la dimension voulue? — Voilà donc la question des grandissements réduite à sa plus simple expression et à la portée de toutes les intelligences.

Cela paraît très-facile au premier abord, mais que de précautions à prendre. La glace doit être parfaitement nettoyée, le collodionnage d'une grande surface parfaitement égal, sans bourrelets ni stries; une sensibilisation, dans le bain d'argent, sans temps d'arrêt, un développement, etc., enfin toutes les opérations parfaites ; car, aucun défaut n'échappera à l'œil, après l'enlevage sur le papier : voilà les grandes difficultés du procédé.

Collodion pour le transport.

Le collodion à employer sera celui indiqué pour le cliché : seulement on y ajoutera en iodure et en coton un demi pour cent. L'on pourra même, suivant la monotonie du cliché, mettre un peu plus d'iode.

Ce collodion, relativement épais et rendu plus lent par l'addition de l'iode, s'enlèvera facilement et donnera de beaux noirs.

Dans le cas où le cliché présenterait de trop grandes oppositions, ce qui n'est point désirable, on y remédierait, en partie, en employant, pour l'épreuve à transporter, un collodion plus blanc.

Objectif pour grandissement.

Nous l'avons déjà indiqué ; c'est un objectif simple, quart de plaque, à long foyer (dix-huit centimètres).

Il est, dans ce cas, de toute nécessité, pour ne pas obtenir de déformation, *de le retourner*. Au lieu de le visser de la manière ordinaire, sur sa rondelle, on le vissera, par derrière, pour qu'il puisse présenter au cliché à copier, sa partie convexe, le diaphragme se trouvant alors dans l'intérieur de la chambre noire.

Comme il doit recevoir de très-près la lumière qui traverse toutes les parties du cliché, il est facile de comprendre maintenant pourquoi nous avons recommandé de petits clichés, des clichés sur demi-plaque ou plaque normale au plus.

Opération du grandissement.

Si l'opérateur a, en sa possession, une chambre noire d'une grande dimension et d'un tirage suffisant, rien de mieux, tout est dit. Mais, s'il en est privé, ne peut-il pas faire l'obscurité dans l'endroit où il pose, emplacement qui doit être compris dans le cabinet noir, ou y faisant suite. Voilà une chambre noire commode, s'il a eu soin d'envelopper d'un voile impénétrable à la lumière, une petite chambre noire portant l'objectif, ainsi que le cliché. Il mettra un verre jaune à la place du verre dépoli.

Sur un chevalet, placé en arrière et incliné pour obtenir le parallélisme avec la petite chambre noire et le cliché, il placera un écran (une feuille de papier bristol suffira).

Il recevra sur cet écran l'image parfaitement au foyer.

Il collodionnera la glace et la sensibilisera. Il la mettra ensuite à la place du papier bristol, et le verre jaune lui permettra de voir si l'image est bien placée sur la glace.

Quand tous ces préparatifs seront faits, il enlèvera le verre jaune et la pose commencera.

Il faudra une ou plusieurs minutes de pose, comme nous l'avons déjà dit, suivant l'intensité du cliché, celle de la lumière et la dimension de l'image.

Quand le temps de pose sera jugé nécessaire, il replacera le verre jaune et reportera la glace dans le cabinet noir, pour la développer : si elle est d'une grande dimension, il la placera sur deux baguettes de bois croisées de manière à être tenues, toutes les deux, dans la main gauche, ce qui permettra de remuer la glace, à peu près dans tous les sens.

Il versera l'acide pyrogallique, dont la formule a été indiquée, faisant en sorte qu'il n'y ait pas de temps d'arrêt. Il ne le laissera pas un instant immobile sur la glace, pour empêcher que, par sa décomposition infaillible, il ne dépose des points noirs qui perdraient l'épreuve. — Il verra alors apparaître l'image et la laissera monter. — Quand il jugera qu'elle est assez venue, il s'empressera de laver à grande eau, et la fixera au cyanure de potassium.

Le virage se fera ensuite, comme il a été dit, en évitant toujours les temps d'arrêt et le passage du liquide entre le collodion et la glace. L'opération de l'enlevage a été également décrite.

Pour éviter, autant que possible, la perte de produits, malheureusement trop coûteux, il sera bon de commencer par une petite glace, ne contenant qu'une partie de l'épreuve que l'on veut obtenir, principalement la figure; ce ne sera *qu'une amorce*. On s'arrêtera après le développement, qui permettra de juger si le temps de pose a besoin d'être augmenté ou diminué.

C'est ainsi que nous opérons *à Paris*, où la lumière n'a pas une grande intensité. Nous obtenons cependant, en moins de cinq minutes, sans soleil et en hiver, une tête de grandeur naturelle.

FIN.

www.ingramcontent.com/pod-product-compliance
Ingram Content Group UK Ltd.
Pitfield, Milton Keynes, MK11 3LW, UK
UKHW022155260726
13993UKWH00005B/2384